La estación de bomberos

Julie Murray

MI COMUNIDAD: LUGARES

Abdo
Kids

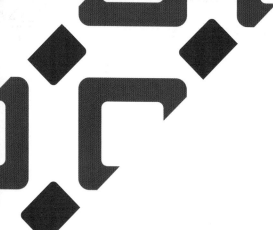

abdopublishing.com

Published by Abdo Kids, a division of ABDO, PO Box 398166, Minneapolis, Minnesota 55439.
Copyright © 2017 by Abdo Consulting Group, Inc. International copyrights reserved in all countries.
No part of this book may be reproduced in any form without written permission from the publisher.

Printed in the United States of America, North Mankato, Minnesota.

102016

012017

THIS BOOK CONTAINS
RECYCLED MATERIALS

Spanish Translator: Maria Puchol

Photo Credits: Alamy, AP Images, Corbis, Getty Images, iStock, Shutterstock,
©Nick Starichenko p.5 / Shutterstock.com

Production Contributors: Teddy Borth, Jennie Forsberg, Grace Hansen

Design Contributors: Candice Keimig, Dorothy Toth

Publisher's Cataloging-in-Publication Data

Names: Murray, Julie, author.

Title: La estación de bomberos / by Julie Murray.

Other titles: The fire station. Spanish

Description: Minneapolis, MN : Abdo Kids, 2017. | Series: Mi comunidad:
   lugares | Includes bibliographical references and index.

Identifiers: LCCN 2016947549 | ISBN 9781624026362 (lib. bdg.) |
   ISBN 9781624028601 (ebook)

Subjects: LCSH: Fire stations--Juvenile literature. | Buildings--Juvenile literature.
   | Spanish language materials--Juvenile literature.

Classification: DDC 628.9--dc23

LC record available at http://lccn.loc.gov/2016947549

Contenido

La estación de bomberos

Leo oye una **sirena**. Es un camión de bomberos que está saliendo de la estación.

La estación de bomberos es un lugar especial. Ahí se guardan los camiones de bomberos.

¡Los bomberos pasan algunas noches en la estación! Tienen camas. Kyle está durmiendo.

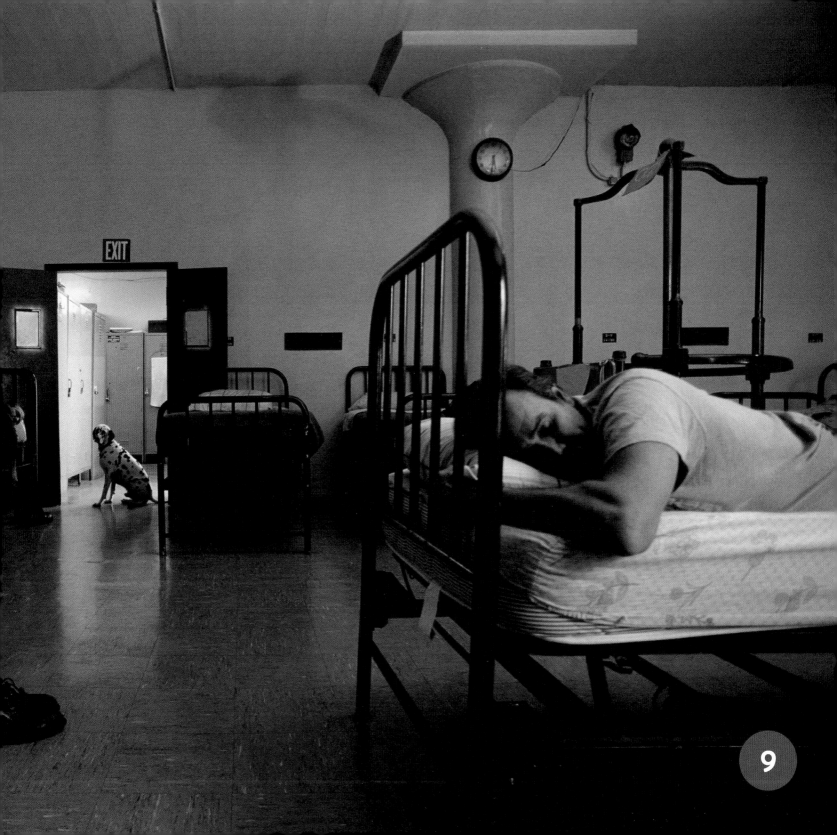

En la estación de bomberos hay una cocina. John ayuda a cocinar.

También hay un área social.

Sam descansa y bebe café.

¡Todos ayudan a limpiar

los camiones!

José se pone el equipamiento especial que lo **protege** del fuego.

La campana de incendios suena. Se apresuran para llegar al incendio. ¡Salen para salvar a más gente!

¿Has estado en una estación
de bomberos?

En la estación de bomberos

bombero

camión de bomberos

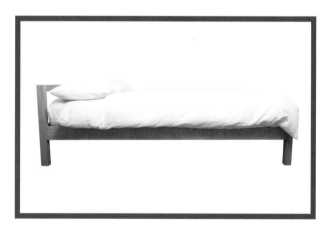

camas

cocina

Glosario

proteger
defender o resguardar.

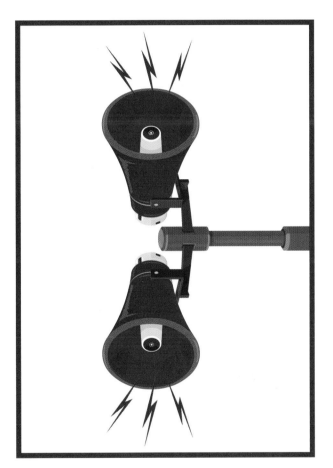

sirena
aparato que emite un sonido
de alarma muy fuerte.

Índice

abdokids.com

¡Usa este código para entrar en abdokids.com y tener acceso a juegos, arte, videos y mucho más!

Código Abdo Kids:
MTK5352